第三套国际武术竞赛套路

刀　术

国际武术联合会　审定

INTERNATIONAL WUSHU FEDERATION

武

人民体育出版社

图书在版编目（CIP）数据

刀术 / 国际武术联合会审定. -- 北京 : 人民体育出版社, 2013 (2025.11重印)
（第三套国际武术竞赛套路）
ISBN 978-7-5009-4443-0

Ⅰ.①刀… Ⅱ.①国… Ⅲ.①刀术（武术）—套路（武术）Ⅳ.①G852.221.9

中国版本图书馆CIP数据核字(2013)第035484号

刀术

国际武术联合会　审定
出版发行：人民体育出版社
印　　装：三河市兴达印务有限公司

开　本：850×1168　32开本　　印　张：5　　字　数：84千字
版　次：2013年6月第1版　　印　次：2025年11月第7次印刷
书　号：ISBN 978-7-5009-4443-0
印　数：10,501—12,000册
定　价：26.00元

联系电话：（010）67151482
社　　址：北京市东城区体育馆路8号（100061）
网　　址：https://books.sports.cn/

《第三套国际武术竞赛套路》编委会

前　言

为了更好地普及和推广武术运动，提高运动技术水平，针对当前国际武术运动技术发展的现状，我们受国际武术联合会委托于2011年12月在中国广州组织创编了第三套国际武术竞赛套路。

第三套国际武术竞赛套路包括长拳、刀术、棍术、剑术、枪术、太极拳、太极剑、南拳、南刀、南棍。共有来自中国、美国、日本、马来西亚、中国澳门等国家和地区的15名教练员、裁判员及专家参与了创编工作。在创编过程中，参阅了大量的文献资料，听取了各方面的意见，认真总结了第一套、第二套国际武术竞赛套路的经验。按照遵循武术套路运动规律，突出项目风格特点，引领技术发展方向的原则集体创编而成。

编　者

目　录

一、刀术套路简介

刀术是竞技武术运动中诸多竞赛项目当中的一项，其运动特点表现为勇猛快速，气势逼人，刚劲有力，雄健彪悍。因此，深受广大教练员、运动员及武术爱好者的喜爱。第三套国际武术竞赛套路——刀术，是在遵循竞技武术套路发展规律的基础上，沿用刀术运动中丰富的格斗技法，并结合步型、步法等基本技术和难度跳跃动作创编而成。

此套路共分四段，动作编排方面不仅继承了传统刀术运动中优秀经典的动作组合，而且吸收了当前国内外竞赛刀术运动中的优势技术。主要内容包括扎刀、斩刀、劈刀、扫刀、剪腕花、缠头裹脑、挂撩刀等主要刀步和弓步、马步、仆步、虚步、后点步、后插步、换跳步等主要步型，跳跃难度有腾空飞脚、侧空翻、腾空旋风脚360°接跌劈叉、腾空外摆莲360°接马步、旋子接坐盘。整套动作刀法密集、节奏明快、布局合理、结构严谨、技术规范，极具竞技性和观赏性，充分展现了刀术奋刀挥舞、刀法快疾、刀术尚猛、刀随身换、身活步灵、近身攻击的技术特点及技术风格。

二、刀术套路动作名称

起势

第一段

1. 接刀退步腕花
2. 后点步藏刀推掌
3. 上步扣腿扎刀
4. 缠头刀
5. 转身裹脑刀
6. 弓步藏刀推掌
7. 右左平扎刀
8. 转身背花扎刀
9. 并步拍地
10. 腾空提膝扎刀
11. 击步抱刀
12. 腾空飞脚
13. 侧空翻
14. 腾空旋风脚 360° 接跌劈叉

第二段

15. 后点步带刀
16. 剪腕花转身扎刀
17. 转身缠头刀
18. 转身裹脑刀
19. 斜拍脚扎刀
20. 腾空外摆莲 360° 接马步
21. 上步云刀
22. 换跳步扎刀
23. 侧身云刀
24. 平扎刀
25. 背花刀
26. 倒插步缠头刀
27. 前扫腿扫刀
28. 上步扎刀
29. 腾空回身扫刀

30. 转身缠头裹脑刀
31. 弓步云刀
32. 换跳步弓步扎刀

第三段

33. 转身挂撩刀
34. 斩刀
35. 转身裹脑
36. 腾空提膝斩刀
37. 旋子扫刀
38. 坐盘抱刀
39. 转身裹脑抡劈刀
40. 盖步翻身抡劈刀
41. 回身蹬脚扎刀
42. 弓步带刀

第四段

43. 并步下扎
44. 转身撞步绞刀
45. 平推刀
46. 转身下截刀
47. 转身并步斜扎
48. 仆步藏刀
49. 弓步扎刀
50. 转身接刀
51. 虚步反持刀

收势

三、刀术套路动作图解

注： 动作图解中，实线（——►）表示下一动作右手、右脚、刀尖的运动路线，虚线（-----►）表示下一动作左手、左脚、刀柄的运动路线。

起势

（1）面向右斜前方，两脚并步站立；两手垂于身体两侧，两肘微屈，左手抱刀，右手五指并拢；目视前方。（图 1）

图 1

(2) 两脚原地并步不变；左手抱刀向前斜下方摆出，右手握拳收于右侧腰间；随即左手握刀收于左侧腰间，右手向前冲拳，高与肩平；目视前方。(图 2、图 3)

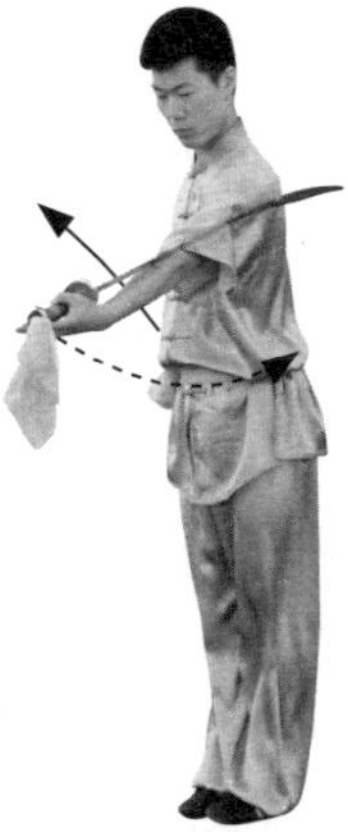

图 2

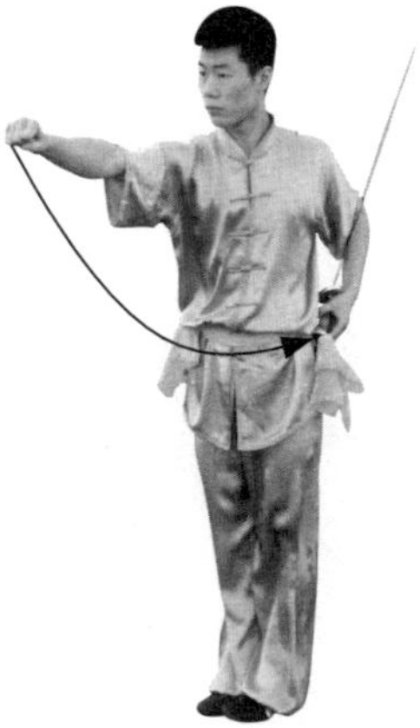

图 3

要点：

精神饱满，挺胸收腹，冲拳拧腰顺肩。

第一段

1. 接刀退步腕花

（1）接上势，两脚原地并步不变，上体略左转并前俯；同时，右拳变掌向左手方向下落接刀；随即右手握刀向上提刀至头部上方，左手立掌向上收于右肩内侧；目视刀身。（图 4、图 5）

图 4

图 5

(2) 身体略右转，重心移至左腿；右脚向后退一步；同时，右手握刀在右上方右剪腕花，左掌动作不变；目视刀柄。(图 6)

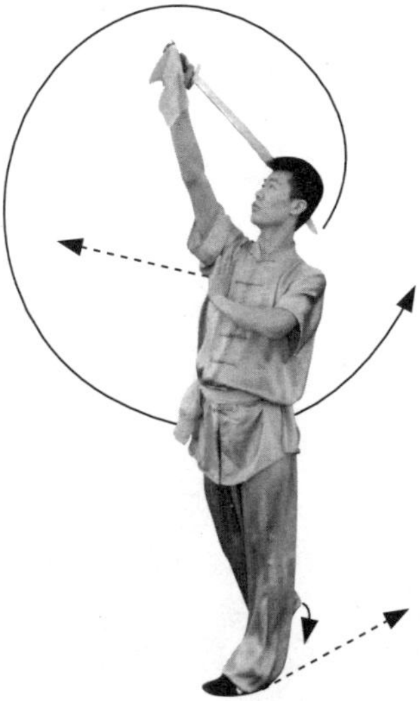

图 6

要点：

接刀时上体略左拧前俯；退步与剪腕花动作要协调一致，同时完成；剪腕花时手腕放松灵活，立圆环绕。

2. 后点步藏刀推掌

（1）接上势，重心移至右腿，左脚后点步；同时，右手握刀经前方向下落至身后藏刀，刀尖向左；左手向左前方立掌水平推出；目视左掌前方。（图 7）

图 7

要点：

身体重心在右腿，左手前推、右手握刀同时向两侧伸开；上体向左拧转，动作速度缓慢、柔和。

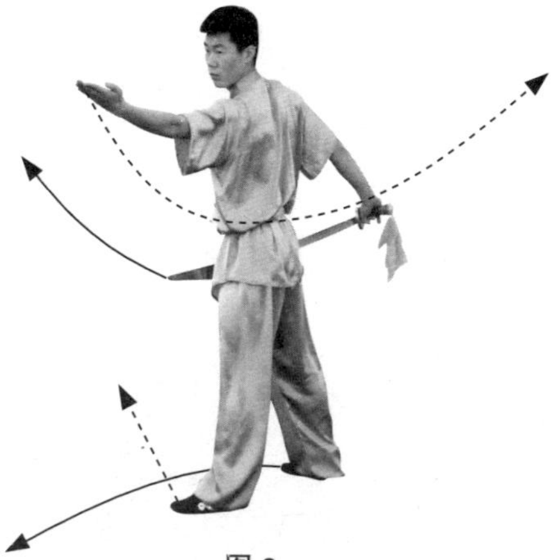

图 8

3. 上步扣腿扎刀

（1）接上势，左脚经右腿向左斜前方上一步；同时，右手动作不变；左掌外旋成托掌，手心向上，高与肩平；目视左手前方。（图 8）

（2）右脚经左腿向左斜前方上一步，身体左转，右腿屈膝半蹲；随即左脚扣于右腿腘窝处；同时，右手握刀经腰间向右前方平扎刀；左手向下、向后立圆伸摆至左侧上方；目视刀尖。（图 9）

图 9

要点：

上左步托掌动作稍慢，上右步扎刀突然加速，迅猛有力，力达刀尖，臂刀一线，左右上步连贯紧凑，扣腿支撑稳固。

4. 缠头刀

（1）接上势，左脚向左侧落步，两腿微屈，成半马步；同时，右手握刀内旋经胸前绕至头左上方，刀尖向下，右手收于右肩内侧；随即右手握刀缠头至左腋下，然后右手外旋再经胸前向右后方横扫，左掌向左侧水平伸出；目视右前方。（图10—图12）

图10

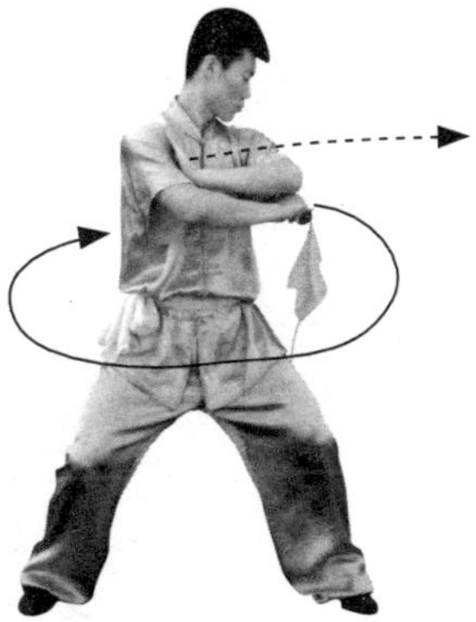

图11

图 12

(2) 下肢动作不变；同时，上肢动作重复缠头刀 (1) 的上肢动作。(图 13—图 15)。

图 13

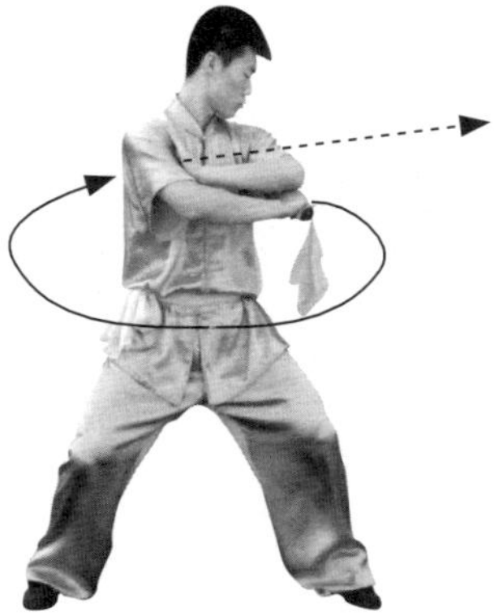

图 14

图 15

要点：

做连续缠头刀动作时，右手握刀松活，使刀背紧贴肩背缠绕；左手随刀法变化做开合、伸缩动作以助刀势；动作表现要刚劲有力、雄健彪悍，眼随刀走，身械协调。

5. 转身裹脑刀

（1）接上势，身体右转 360°，左脚向右脚外侧内扣并步碾转，两腿屈膝；同时，右手握刀裹脑，左掌收于右肩内侧；目视刀尖。（图 16、图 17）

图 16

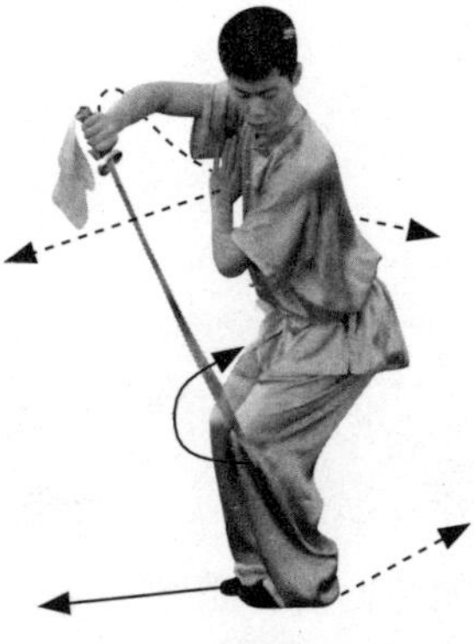

图 17

要点：

上左步时脚尖内扣于右脚外侧，两脚距离不要过大，两脚碾转时身体重心下沉，转身裹脑速度要快，刀背紧贴肩背缠绕。

6. 弓步藏刀推掌

(1) 接上势，两脚同时向左右两侧开步，右腿屈膝前弓，成右弓步；同时，右手握刀向后藏刀于身体右后方，刀尖向右前方；左手立掌向右前方水平推出；目视前方。(图 18)

图 18

要点：

两脚开步时身体重心下沉，速度要快；弓步藏刀时，上身向右后方拧；动作表现要刚劲沉稳、支撑有力。

图 19

7. 左右平扎刀

（1）接上势，上体略左转，重心左移；同时，右手握刀向右前方平扎刀，左掌收于胸前；目视刀尖。（图 19）

（2）上体继续左转；右脚尖内扣，脚跟掀起；同时，右手握刀随转体向左前方平扎刀，左掌向身体左后方水平伸出；目视刀尖。（图 20）

图 20

要点：

右、左扎刀动作转换时以腰为轴，右脚碾转灵活，扎刀迅猛有力，力达刀尖。

8. 转身背花扎刀

（1）接上势，身体右转，重心右移；右脚尖向右碾转，左脚微收回；同时，右手握刀在右后方背花刀，左掌顺势收于右胸前；目视右下方。（图21、图22）

图 21

图 22

(2) 上体左转拧腰，左脚倒插步；同时，右手握刀收于腰间，左手附于右腕内侧；目视刀身。(图 23)

图 23

(3) 身体向左后转 360°；两脚向左碾转，随即右脚扣在左膝腘窝处；同时，右手握刀在右上方左剪腕花，左掌由上向下、向左侧水平伸出；目视刀尖。(图 24、图 25)

图 24

图 25

（4）身体继续左转，重心下沉；右脚向右侧落步；同时，右手握刀经腰间向左前方平扎刀，左掌向左斜后方水平伸出；目视刀尖。（图 26）

图 26

要点：

背腕花时以腰带臂，以臂带刀，以腕为轴，手腕松活，刀贴身体立圆环绕；两脚拧转灵活，动作快速敏捷，迅猛有力。

9. 并步拍地

（1）接上势，身体右转，重心右移；同时，右手握刀经头上方立圆绕至右上方，刀尖向上；左掌收于右肩内侧；目视刀身。（图 27）

图 27

⑵ 身体继续右转，左脚上步与右脚并步；同时，右手握刀在右上方右剪腕花；随即两腿屈膝全蹲，上体前俯；左掌击拍地面；目视左手。（图 28）

图 28

要点：

并步拍地重心下沉快速，拍地着实有力。

10. 腾空提膝扎刀

（1）接上势，身体左转；两脚蹬地跳起腾空，右腿在空中伸直悬垂，左腿屈膝上提收至腹前，脚尖内扣，脚面绷平；同时，右手握刀向右前方平扎刀，左掌向上托起；目视右前方。（图 29）

图 29

要点：

两脚用力同时蹬地，腾空高、飘；提膝、扎刀与上托掌协调一致，同时完成。

11. 击步抱刀

（1）接上势，右、左脚依次落步；同时，右手握刀向上经体前内旋下落至腰间，左手向下落至右手下方接刀；目视右方。（图 30）

（2）重心左移；左脚蹬地起跳，随即右脚在空中与左脚碰击；同时，左手握刀、右手立掌直臂经下向左右两侧水平摆出；目视左前方。（图 31）

图 31

图 30

要点：

接刀动作快速准确、自然流畅；击步跳不宜过高。

12. 腾空飞脚

（1）接上势，右、左脚依次向前落步；同时，两臂自然下落；目视前方。（图 32）

（2）右脚经左腿向前上一步；身体左转，重心前移至右腿；同时，左手握刀、右手立掌分别在前、后自然下落；目视前方。（图 33）

图 32

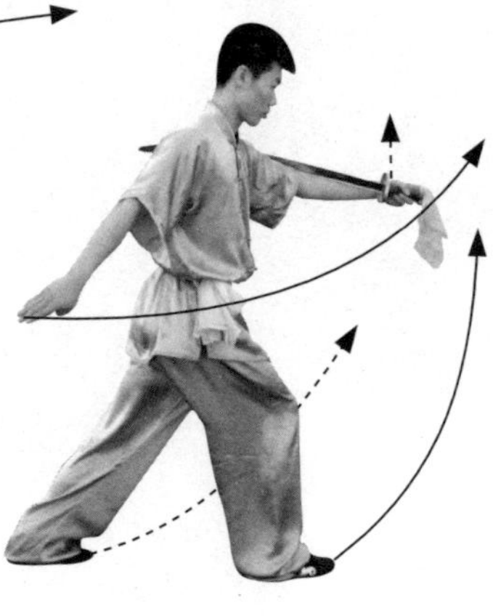

图 33

（3）右脚蹬地起跳，随即左腿屈膝提起收于腹前，脚面绷平，右腿向前上方摆踢，右脚高于肩；同时，右臂向前上摆起，右掌击拍右脚面；左手握刀上摆；目视前上方。（图 34）

图 34

要点：

击拍脚要过肩，击拍准确响亮，腾空轻灵飘逸。

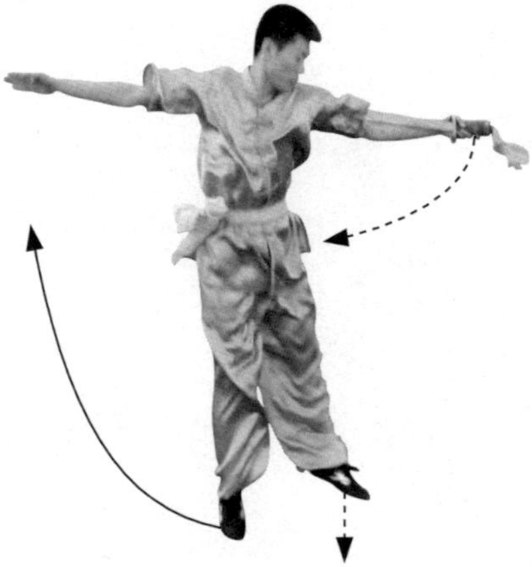

图 35

13. 侧空翻

(1) 接上势，右、左脚依次向前落步；同时，两臂分别向左右两侧伸出；目视前下方。(图 35)

(2) 重心前移至左腿，左脚蹬地起跳，身体前屈；随即右、左腿依次离地从后向上立圆摆起，在空中做向左侧翻动作；同时，左手握刀收于腰间，右手摆动至身体右侧；目视下方。(图 36、图 37)

图 36

图 37

要点：

空中两腿摆动快速，膝关节伸直，翻转要快，腾空轻灵飘逸。

14. 腾空旋风脚 360°接跌劈叉

（1）接上势，上体立起左转，右、左脚依次向前落步，右手接刀；随即右、左脚连上 3 步，身体继续左转，两腿屈膝半蹲；同时，右手握刀顺势摆至右侧，左手附于胸前；目视左下方。（图 38—图 41）

图 38

图 39

图 40

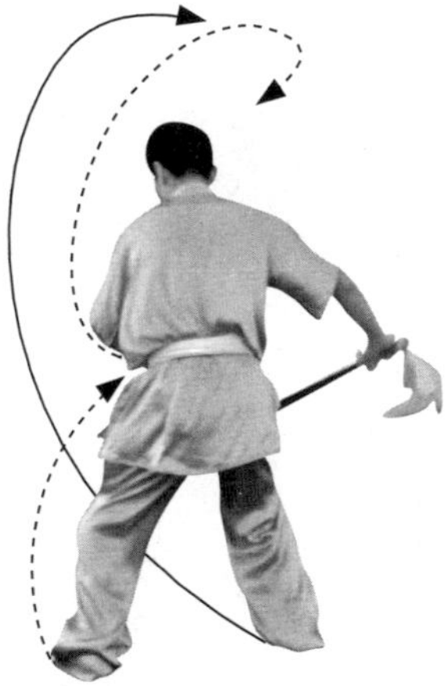

图 41

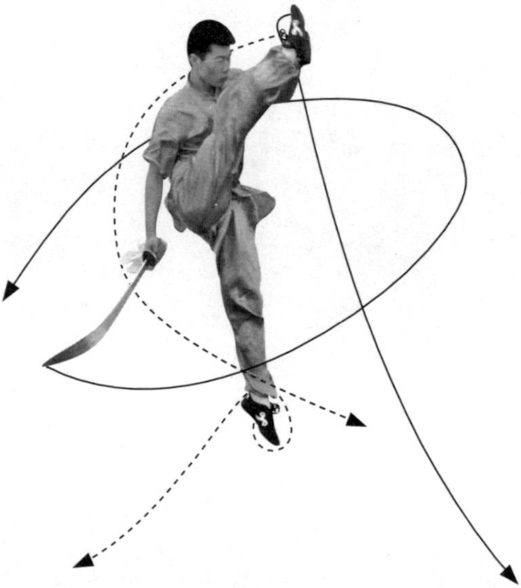

图 42

（2）右脚蹬地起跳腾空，左腿向左上方摆起，右腿里合；同时，左手在头前迎击右脚掌，右手握刀向右斜下方劈砍；身体左转一周；目视里合脚。（图 42）

（3）重心下落；两腿前后分开落地成劈叉，左脚尖勾起在前，右腿伸直，脚面绷平在后；同时，左手成掌、右手握刀在身体两侧水平伸出；目视前方。（图 43）

图 43

要点：

右脚掌内扣贴面里合，身体腾空急速旋转 360°；跌叉动作完成时后腿膝关节要伸直，落地快速稳健，支撑有力，动静分明，身械配合协调一致。

第二段

15. 后点步带刀

（1）接上势，左脚向后、右脚向前同时蹬地向上跳起；左、右手在两侧保持水平不变；随即右脚向右横上半步；同时，右手握刀向左经胸前落至右腰间；目视刀柄。（图 44、图 45）

图 44

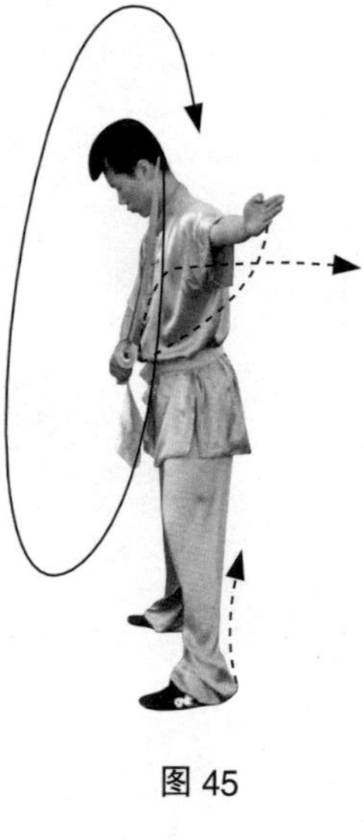

图 45

（2）重心移至右腿，左脚后点步；同时，右手握刀向下、向右上方带刀外旋，刀身贴于右肩后，刀尖向下；左掌向下收回经胸前向左平推；目视左前方。（图 46）

图 46

要点：

后点步与右手带刀上下动作协调一致，带刀时右腕外旋，右臂微屈，左掌收回前推，力达掌外侧。

16. 剪腕花转身扎刀

（1）接上势，身体左转 90°，左脚向左横上一步；同时，右手握刀贴背向前下落，左掌收回附于右肩内侧；目视刀身。（图 47）

（2）身体继续左转 90°；上右步，脚尖内扣，右腿屈膝；同时，右手握刀左剪腕花收于右腰间，左手动作不变；目视刀身。（图 48）

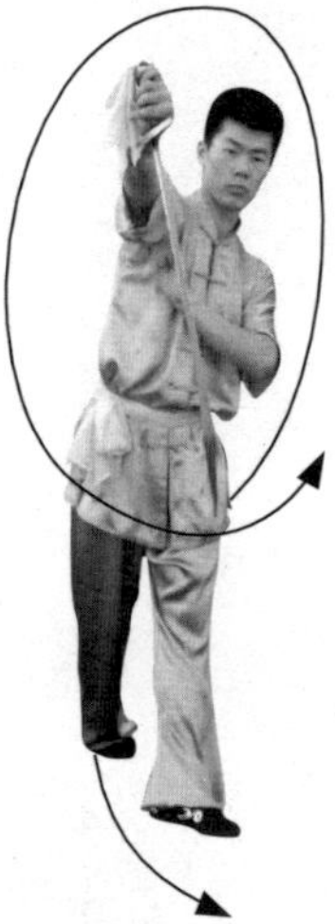
图 47

图 48

（3）身体继续左转 180°；右脚跟向左碾转，右腿由屈到伸；左腿屈膝提起收于腹前；同时，右手握刀由腰间向右前方平扎，左掌向上托起；目视右前方。（图 49）

图 49

要点：

转身时两脚拧转灵活；剪腕花手腕松活，立圆环绕；刀法与身体配合协调一致。

17. 转身缠头刀

（1）接上势，左脚向左侧落步；右手握刀收于头部左侧，左掌收于右肩内侧；随即身体左后转 360°；右脚经左腿前向左侧横上一步，左脚向后退一步；同时，右手握刀连续 2 次缠头刀于右前方平摆，左掌伸向左后方；目视刀尖。（图 50—图52）

图 50

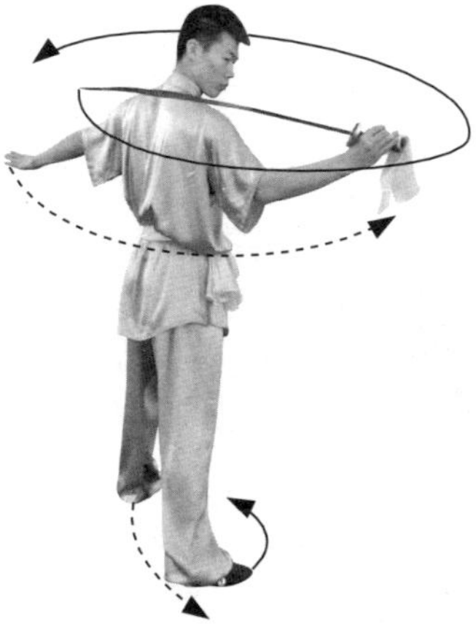

图 51

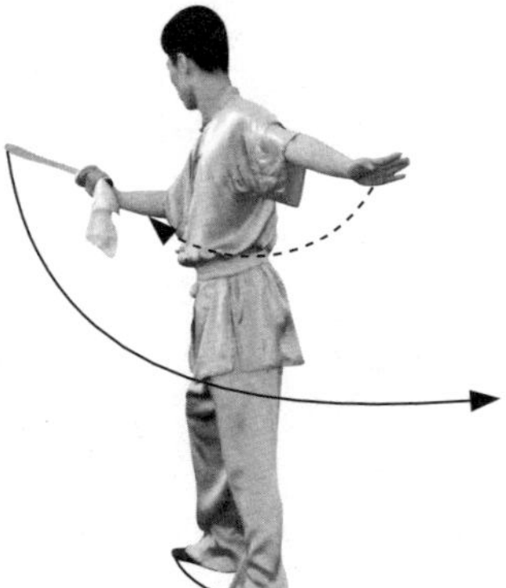

图 52

（2）身体继续左转，右脚倒插步；同时，右手握刀经胸前横扫内旋至身体左侧，左掌收于右手腕内侧；目视左后方。（图 53）

图 53

要点：

身体拧转灵活，上步、退步、插步连贯紧凑；缠头刀贴背缠绕，左右手协调配合。

图 54

18. 转身裹脑刀

(1) 接上势，身体略右转，重心前移；右脚向右斜前方上一步；目视右前方。（图 54）

⑵ 左脚向右斜前方上一步，脚尖内扣；随即右脚向左后斜方退一步；身体右后转 360°；同时，右手握刀裹脑，左掌附于右肩内侧；目视刀身。（图 55、图 56）

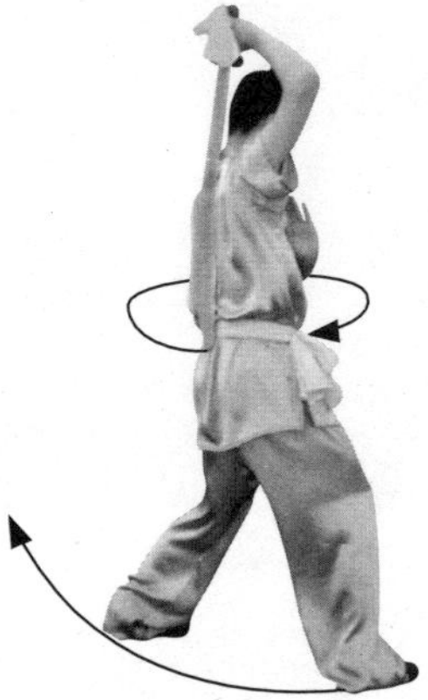

图 55

图 56

要点：

两脚拧转灵活；裹脑刀贴背缠绕，左右手配合协调一致。

19. 斜拍脚扎刀

接上势，身体右转，左脚向右斜前方上一步；同时，右手握刀下落于左肩斜上方，刀尖向后，左掌向左下方伸出；随即右脚向前、向上摆踢，脚高于肩；右手握刀经左上方向右斜下方劈砍，左手击拍右脚面；目视击拍脚。（图 57、图 58）

图 57

图 58

要点：

斜拍脚准确响亮；拍脚与劈砍动作上下一致，左腿支撑伸直。

20. 腾空外摆莲 360°接马步

（1）接上势，右脚向右侧落步，两腿屈膝半蹲；重心下降；同时，右手握刀经右腰间向前平扎，左掌向左后方伸出；随即两脚蹬地起跳腾空，身体右转 360°；右腿经体前向右外摆，右脚高于肩，左腿伸直悬垂；右手握刀在身体右下方，左掌击拍右脚面。（图 59、图 60）

图 60

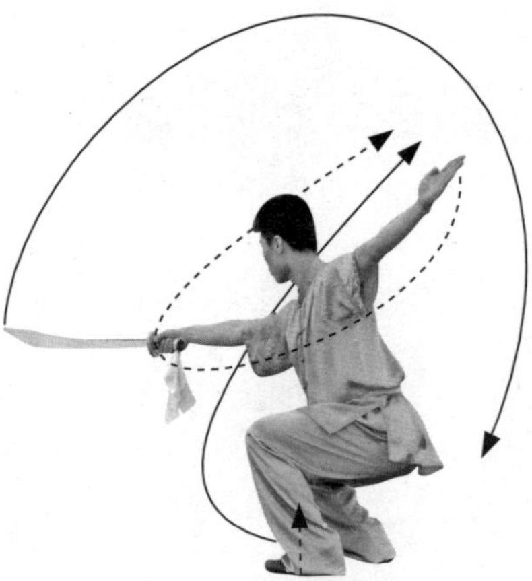

图 59

（2）两脚一齐落地，两腿屈膝下蹲，成马步；同时，右手握刀收至腹前，刀身贴附在左手臂上方，刀刃向外；左掌收于刀柄外侧；目视左前方。（图 61）

图 61

要点：

两脚用力蹬地同时起跳，腾空高、飘，右脚过肩外摆，击拍准确响亮；在空中身体急速旋转 360°；落地稳健，马步支撑有力，动静分明。

21. 上步云刀

（1）接上势，重心上升，身体左转 180°；左脚尖向左碾转，右脚经左脚前方向左斜前方上一步；同时，右手握刀上摆至头左上方，左掌向左下方摆伸；目视刀身。（图 62）

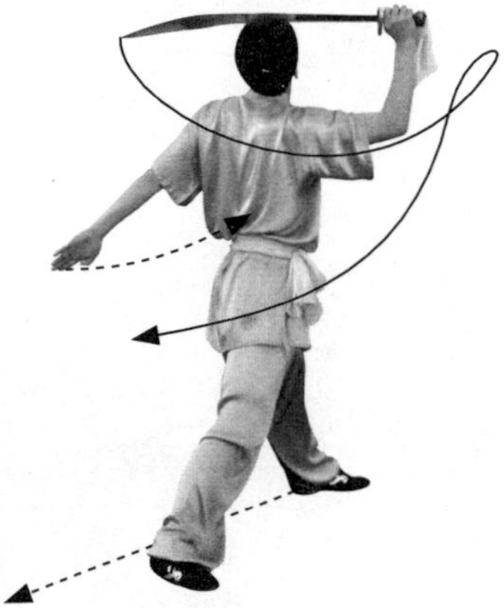

图 62

（2）身体重心后移至右腿；左脚向后退一步，随即两腿交叉，屈膝下蹲；同时，右手握刀在头上方云刀再向右后下方藏刀；左掌经腰后向下、向前撩出；目视左掌。（图 63、图 64）

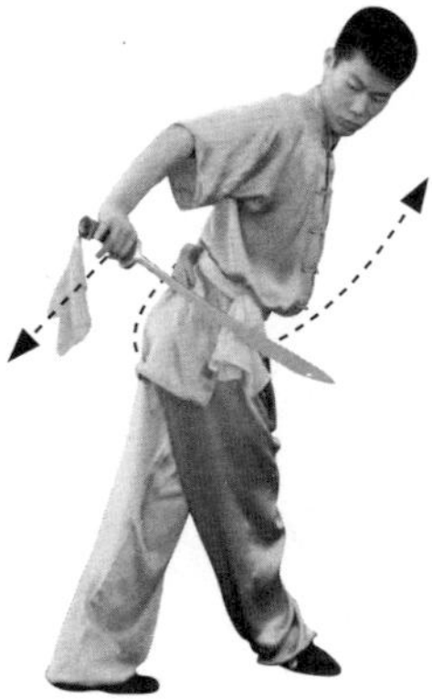

图 63

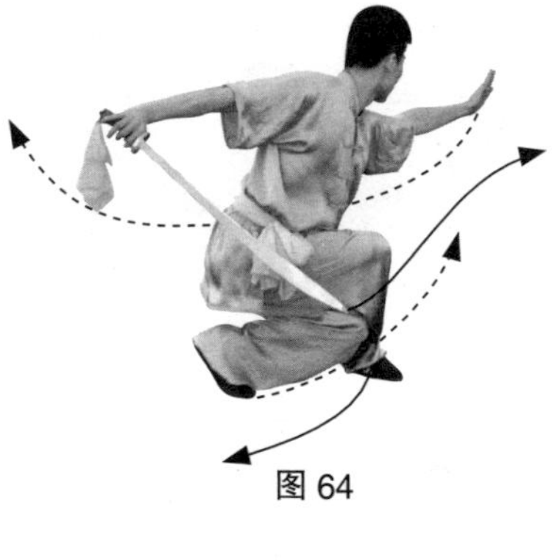

图 64

要点：

云刀手腕松活，平云一周，头要后仰，整个动作宜缓慢、柔和。

22. 换跳步扎刀

接上势，左脚向前、右脚向后一齐快速换跳步；同时，右手握刀向前平扎，左掌向左后方水平伸出；目视前方。（图 65）

图 65

要点：

换跳步与扎刀快速一致同时完成，跳步不宜过高，扎刀迅猛有力。

23. 侧身云刀

接上势，身体右转 180°，两脚向右碾转；同时，右手握刀随转体在头部右侧云刀，左掌向右前方伸出；目视左前方。（图 66）

图 66

要点：

上体以腰为轴快速向右后拧转；侧云刀迅速，头向左侧倾。

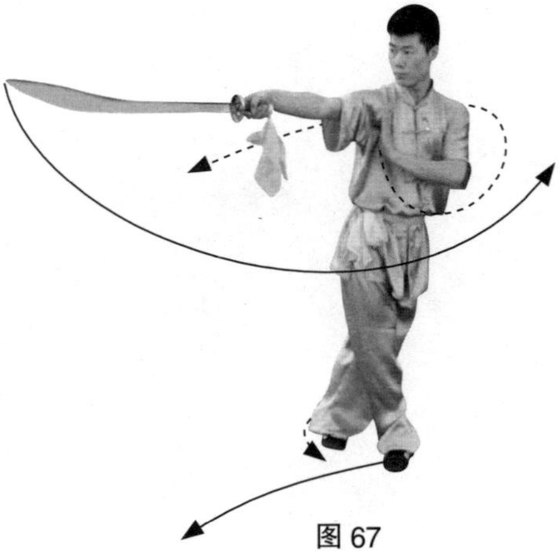

图 67

24. 平扎刀

（1）接上势，身体左转 90°，重心右移；左脚经右腿后侧插步；同时，右手握刀向右侧平扎，左掌收于右肩内侧；目视刀尖。（图 67）

（2）身体继续左转 90°，右脚向斜后方撤一步；同时，右手握刀经腰间向左前方平扎，左掌向下、向左后侧水平伸出；目视前方。（图 68）

图 68

要点：

右、左扎刀连接紧凑，以腰为轴快速转体，插步、撤步快速灵活，扎刀迅猛有力，臂刀一线，力达刀尖，左右手动作协调配合。

25. 背花刀

接上势，上体右转，重心右移；左脚收回；同时，右手握刀在右后方背腕花，左掌收于右肩内侧；目视左掌。（图 69、图 70）

图 69

图 70

要点：

背腕花时以腰带臂，手腕松活，刀贴身体立圆环绕，动作表现连贯紧凑、快速敏捷。

26. 倒插步缠头刀

接上势，身体左转，左脚经右腿后侧倒插步；同时，右手握刀右撩腕花，随即向左缠头刀；左掌先向左摆后再收于右肩内侧；目视前方。（图 71、图 72）

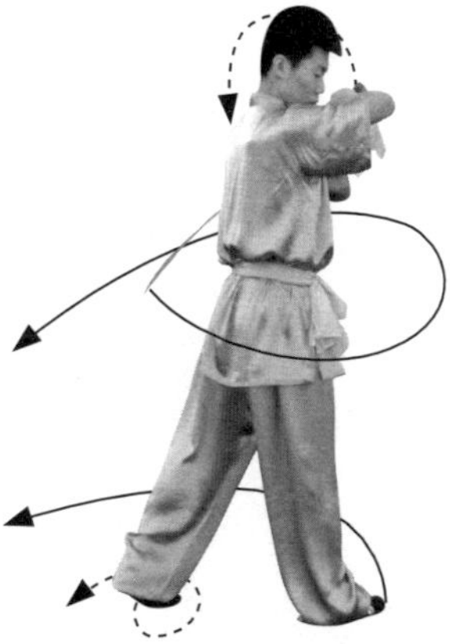

图 72

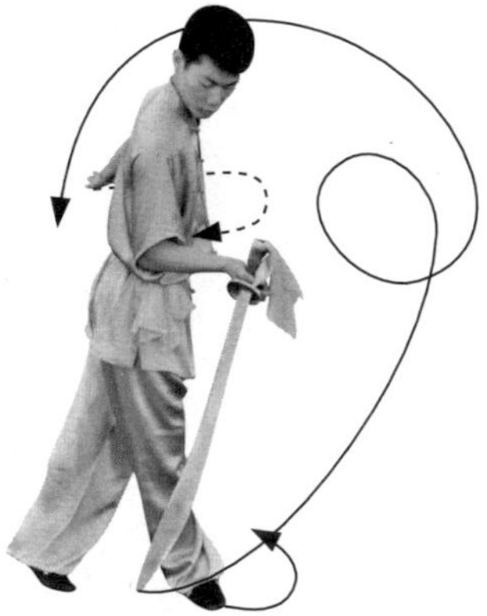

图 71

要点：

缠头刀前臂内旋贴背缠绕，倒插步与缠头刀同时完成，上下协调一致。

图 73

27. 前扫腿扫刀

（1）接上势，身体左转 180°，左脚尖向左碾转，重心下降并移至左腿；左腿屈膝全蹲，右腿伸直向右平铺，脚尖内扣；同时，右手握刀向左下方扫刀；目视刀身。（图 73）

（2）上动不停，右腿以惯性向左扫转 360°；同时，右手握刀扫刀一周后随即贴附于左臂上方，刀尖向后；左掌附于右前臂内侧；目视左方。（图 74）

图 74

要点：

扫腿与扫刀同时完成，上下协调一致；扫刀用力要猛，力达刀刃；前扫腿支撑腿全蹲脚跟提起旋转，扫转腿脚掌不能离地，膝关节伸直。

28. 上步扎刀

（1）接上势，身体右转，重心上升前移；同时，右手握刀收于右腰间，左掌向前方伸出；随即左脚向前上一步；右手握刀向前平扎，左掌顺势收于右肩内侧；目视前方。（图 75、图 76）

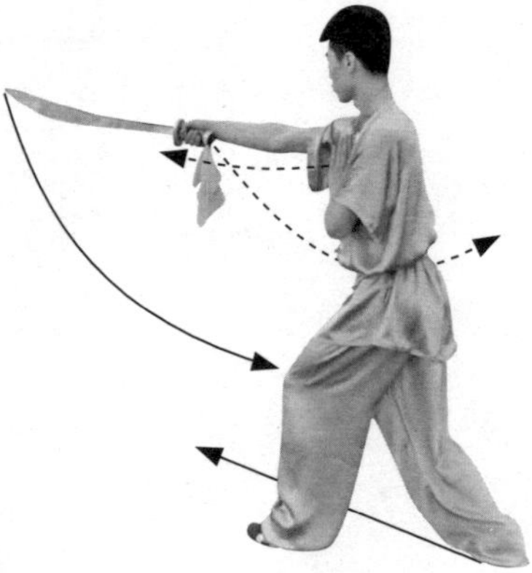

图 76

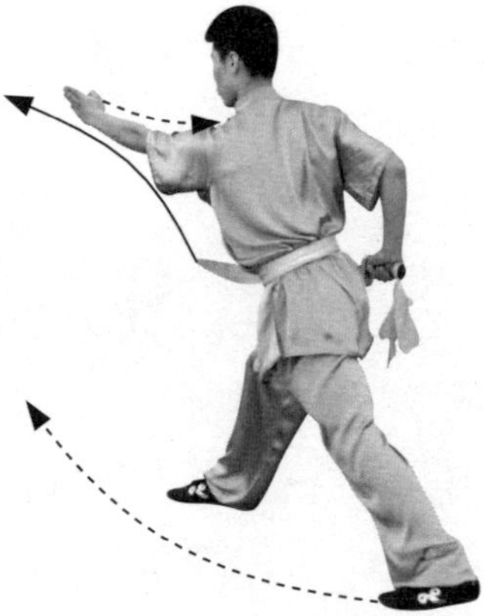

图 75

要点：

上步扎刀快速有力，力达刀尖。

29. 腾空回身扫刀

（1）接上势，右脚向前上一步，重心前移；同时，右手握刀回抽至身后，刀尖向前；左掌向前方伸出；目视前方。（图 77）

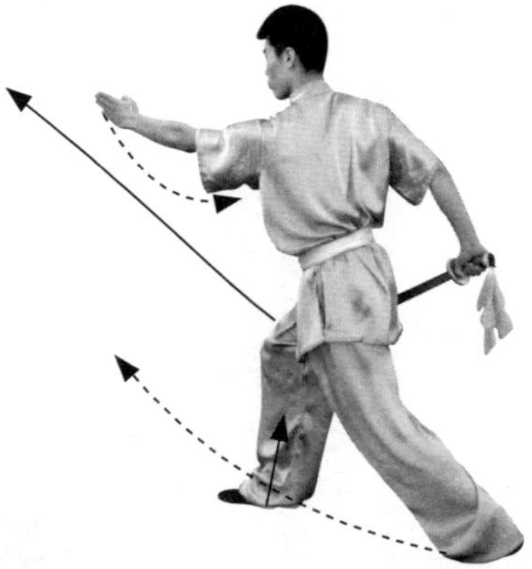

图 77

（2）左腿向前上方直摆，右脚蹬地起跳腾空；右手握刀向前平扎，左掌收于右肩内侧；随即身体在空中向右转体，上体前俯；左腿在身体后方内旋蹬直，右腿屈膝提起，两脚脚面绷平；同时，右手握刀向右扫刀，左掌略高于水平向左后方伸出；目视前方。（图 78、图 79）

图 78

图 79

要点：

上步蹬地连贯快速用力，腾空高；左腿上摆伸直，右腿屈膝收紧；空中上体迅速向后拧转略前俯；两手同时向两侧展开，动作舒展大方，扫刀迅猛快速。

图 80

30. 转身缠头裹脑刀

（1）接上势，右左脚依次落地；同时，两手在两侧自然下落；目视前方。（图 80）

（2）身体左转 360°；右脚经左腿向前上一步，随即左脚向后退一步；同时，右手握刀随转体缠头至左肩，左掌顺势收于右肩内侧；目视左前方。（图 81、图 82）

图 81

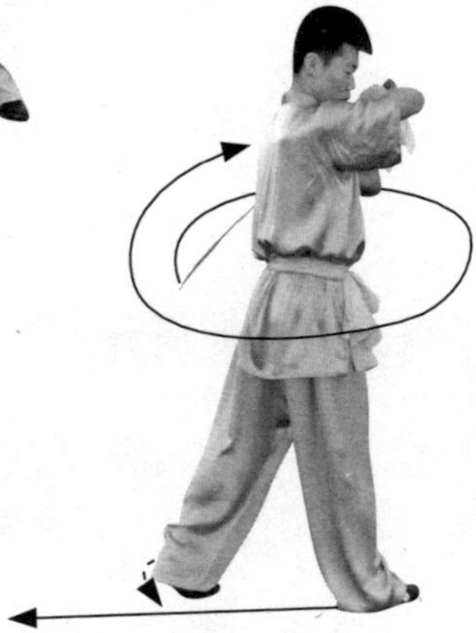

图 82

（3）身体右转，右脚向后退一步，重心移至左腿；同时，右手握刀裹脑，左掌仍附于右肩内侧；目视刀身。（图 83）

图 83

要点：

上步、退步、左转灵活顺畅，缠头、裹脑刀贴背缠绕，左右手配合协调一致，动作快速敏捷。

31. 弓步云刀

接上势，上体略右转，重心下降；左腿屈膝前弓，成左弓步；同时，右手握刀在头右侧上方云刀至右侧方，高与肩平；左掌向左上方伸出，掌心斜向上；目视刀尖。（图 84）

图 84

要点：

左腿屈膝半蹲，右腿膝关节伸直，全脚掌着地，脚尖内扣；侧云刀迅速，头部左侧倾，目视刀身。

32. 换跳步弓步扎刀

接上势，身体左转；左右脚一齐蹬地起跳换步落地，成右弓步；同时，右手握刀经腰间向前方平扎，左掌收于右肩内侧；目视前方。（图 85）

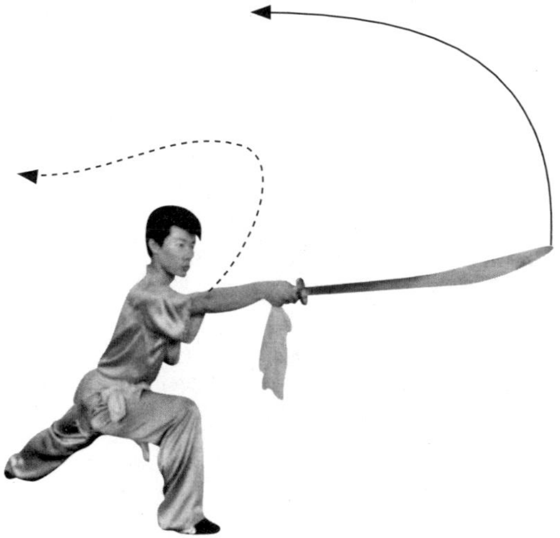

图 85

要点：

换跳步与弓步扎刀连贯、快速，腾空不宜过高，扎刀迅猛有力。

第三段

33. 转身挂撩刀

（1）接上势，身体向左后方拧转 180°，重心移至左腿；右脚扣于左膝腘窝侧；同时，右手握刀经头上方向左后下方挂刀，左掌顺势打开后收于右肩内侧；目视刀身。（图 86、图 87）

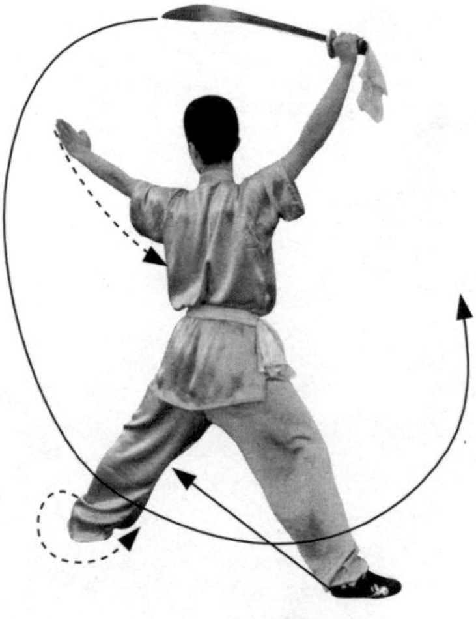

图 86

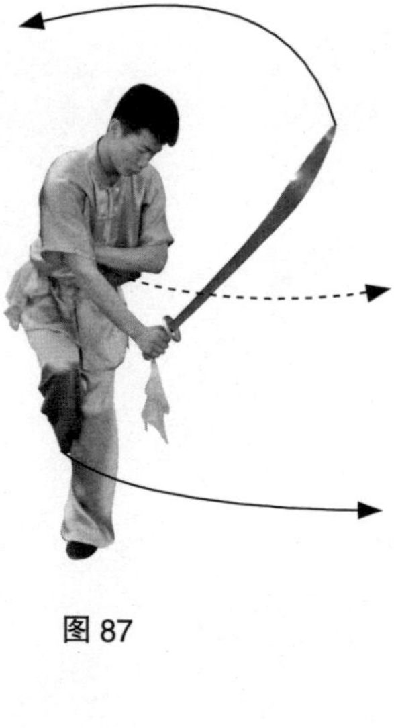

图 87

⑵ 右脚向前落步，身体继续左转 90°；同时，右手握刀向上、向后立圆绕行至身体后侧，左掌顺势向前伸出；随即上体左转；右手握刀向下经右腿外侧向右上方撩刀，左掌向上、向后上方伸出；目视刀身。（图 88、图 89）

图 88

图 89

要点：

挂刀时手臂内旋，扣腕，刀尖向下、向后贴身挂出，力达刀背前段；撩刀时手臂外旋，手心向上沿身体右侧弧形撩出，力达刀刃前段；挂撩刀动作连贯协调、衔接流畅。

34. 斩刀

⑴ 接上势，两脚不动；右手握刀经头上方收于胸前，左掌顺势下落至左下方；目视左方。（图 90）

⑵ 重心上升，上体右转；同时，右手握刀由左向右平斩，手心向下；左掌向左后侧水平伸出；目视刀尖。（图 91）

图 90

图 91

要点：

斩刀高度在头与肩之间，以腰带臂，以臂带刀，突然加速平斩刀，以增力量，力达刀刃。

35. 转身裹脑

（1）接上势，身体右转 180°；右脚尖外展，左脚经右腿前向右横上一步；同时，右手握刀随转身收至胸前，刀尖向后；左掌收于右肩内侧；目视刀身。（图 92）

图 92

（2）身体继续右转 180°；左脚尖向内碾转，右脚经左腿后侧向右横退一步；同时，右手握刀裹脑至左肩后，左掌仍附于右肩内侧；目视前方。（图 93）

图 93

要点：

转身时上步、退步灵活，裹脑刀贴背，左右手协调配合。

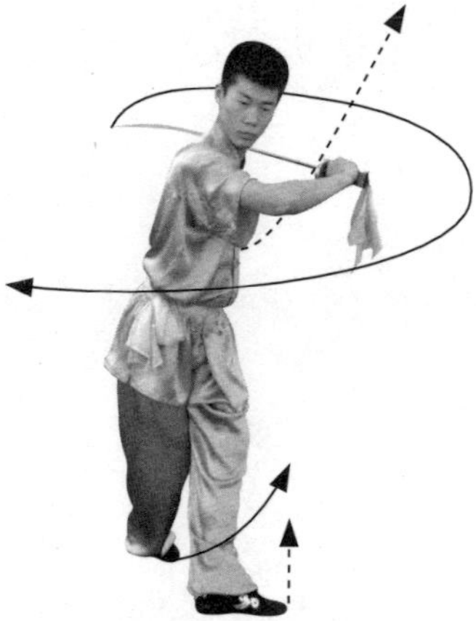

图 94

36. 腾空提膝斩刀

（1）接上势，身体重心下降，上体右转；左脚经右腿前向右横上一步；同时，右手握刀下落，刀身贴附于左肩上方；左掌动作不变；目视右下方。（图 94）

（2）左脚蹬地起跳，右腿屈膝提起收于腹前；同时，右手握刀向右平斩，左掌向左斜上方伸出；目视刀尖。（图 95）

图 95

要点：

斩刀与跳起提膝上下一致同时完成，动作轻灵、舒展，平斩刀快速有力，力达刀刃前段。

37. 旋子扫刀

（1）接上势，左右脚依次向前落地，身体微左转，随即左脚向前上一步；同时，右手握刀经前向左上提至左肩外侧，左掌收于胸前；目视刀身。（图 96、图 97）

图 96

图 97

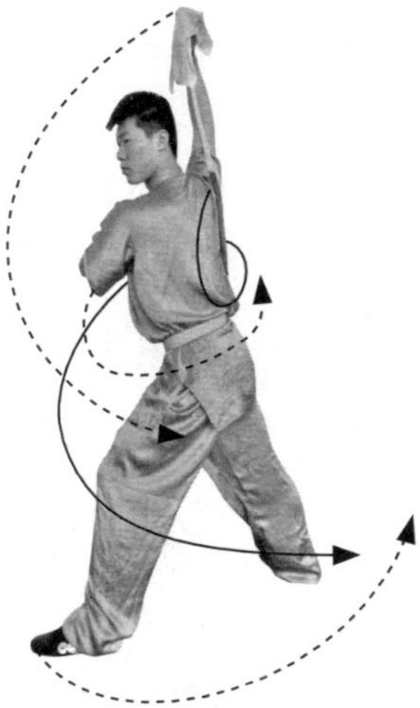

图 98

（2）身体继续左转 180°；左脚尖向外碾转，右脚经左腿向前上一步，脚尖内扣；同时，右手握刀随转身缠头至右肩后侧，左掌仍附于胸前；目视左下方。（图 98）

（3）重心下降，右脚向后垫步跳，身体左转180°，左脚向后退一步；随即上体前俯并继续依惯性向左后转体；左脚蹬地起跳腾空，右左腿依次向后上方摆起；同时，右手握刀在身体下方向左平扫一周，左掌摆向身体左侧；目视前下方。（图99—图101）

图 99

图 100

图 101

要点：

在空中抬头挺胸，两腿膝关节不能明显弯曲；扫刀迅猛有力，动作舒展，腾空高、飘。

图 102

38. 坐盘抱刀

（1）接上势，右左脚依次落地，身体立起左转；同时，右手握刀缠头，左掌向左侧水平伸出；目视左前方。（图 102）

（2）身体继续左转；左脚尖向外碾转，右腿向左腿后侧靠拢交叉叠拢下坐，臀部和右腿的大小腿外侧及脚面均着地；同时，右手握刀随转身向左横扫至左胸前，左掌顺势收于右手腕下方，刀身平贴于左上臂上方；目视左前方。（图 103）

图 103

要点：

坐盘和抱刀同时完成，协调一致，动作快速稳健、动静分明；旋转扫刀迅猛，扫刀后右腕快速内扣，上体左拧微前俯。

39. 转身裹脑抡劈刀

（1）接上势，重心上升，身体右转；右脚向右斜前方上一步；同时，右手握刀平放在左臂上方，左手附于右手腕内侧不变；目视右方。（图 104）

（2）右脚尖向外碾转，左脚经右腿向前上一步，脚尖内扣；身体右转 180°，同时，右手握刀向右裹脑至左肩外侧，左掌附于右胸前；目视刀身。（图 105）

图 104

图 105

（3）左脚尖向内碾转，重心移至左腿，身体继续右后转 180°，右腿屈膝提起收于腹前，上体前俯；同时，右手握刀随转身向右下方立圆抡劈，左掌向左上方伸出；目视刀尖。（图 106）

图 106

要点：

转身裹脑贴背缠绕；劈刀立圆，松肩伸臂，力要顺达，力达刀刃，上体向右后方拧转，动作转接流畅，独立支撑稳固。

40. 盖步翻身抡劈刀

（1）接上势，右脚向斜后方落步；同时，右手握刀外旋绕向头上方，刀尖向后；左掌收于右肩内侧；目视前方。（图 107）

图 107

（2）重心移至右腿，左脚后点步；同时，右手握刀在身体右侧向下立圆抡劈刀，左掌向前上方伸出；随即身体左后转 180°，两脚向左碾转；右手握刀向头上方立圆绕行经腰间向右前上方扎出，上

体后仰；左掌顺势向下、向后经头部上方向后上方伸出，掌心向上；目视刀尖。（图 108、图 109）

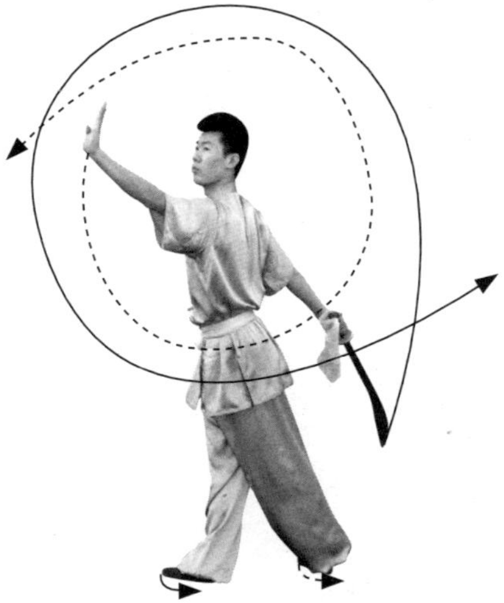

图 108

图 109

(3) 右手握刀在头部左侧环绕；随即身体右转180°，两脚向右碾转；同时，右手握刀经头上方绕至身体右侧，左手按于刀背；目视刀身。（图110、图111）

图 110

图 111

（4）身体继续右转 90°，重心移至右腿；右脚尖向外碾转，左腿经右腿向左侧摆起；同时，右手握刀在身体右侧向下、向右立圆抡劈，左掌向左方向水平伸出；随即左脚向右盖步，上体前俯；右手握刀经胸前下落劈至身体左侧，左手按于刀背；目视刀身。（图 112、图 113）

图 112

图 113

（5）两脚一齐向右后碾转 180°，两手随上体向右后方翻转至头部上方；随即身体继续右转 90°；同时，右手握刀在身体右侧向下、向后抡劈，左掌顺势向左上方伸出；目视刀身。（图 114、图 115）

图 114

图 115

要点：

动作转接连贯流畅，用力顺达，不可用力过猛或使僵劲；盖步翻身抡劈刀要呈立圆，两脚碾转协调、灵活；刀法清晰，左右手配合严密，左手须随刀法变化做开合、伸缩，以助刀势。

图 116

41. 回身蹬脚扎刀

（1）接上势，身体左转，两脚向左碾转；同时，右手握刀经头上方向左、向下立圆绕行至腰间，刀尖向左；左掌顺势向下、向左前方伸出；目视左前方。（图 116）

⑵ 重心前移至左腿，右腿经左腿向前上方蹬脚，身体左转 90°；同时，右手握刀向前上方扎出，左掌向下、向后上方伸出；目视刀尖。（图 117）

图 117

要点：

回身扎刀时，两脚碾转协调、灵活；蹬脚与扎刀同时完成，上下协调一致，动作收放自如，扎刀迅猛有力。

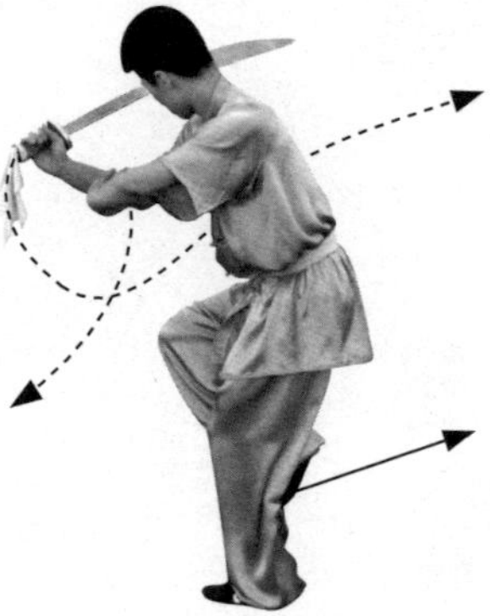

图 118

42. 弓步带刀

(1) 接上势，上体略左转，重心下降；左腿屈膝，右脚收回扣于左膝腘窝处；同时，右手握刀右剪腕花收于胸前，左手收于右前臂内侧；目视刀柄。(图 118)

（2）右脚向右前方落步，右腿屈膝前弓，成右弓步；身体右转前俯；同时，右手握刀内旋使刀柄从左后方带刀至右前方，右臂胸前弯曲，手心向下；左掌向左后方变钩手伸出；目视前方。（图119、图119附图）

图 119

要点：

扣腿与剪腕花上下协调一致同时完成，并与前面蹬脚扎刀形成一展一收；带刀时右腕翻转内扣，由左后方带刀至右前方，力点由刀刃根部向前段移动，身体向右后方快速拧转，动作干净利落。

图 119 附图

第四段

43. 并步下扎

(1) 接上势，身体左转，重心上升；同时，右手握刀略向后侧伸展，刀尖向左；左钩手变掌向左上方伸出；目视左前方。（图 120）

图 120

（2）重心前移；左脚蹬地起跳，右脚经左脚向前蹿步跳，随即左脚向右脚并拢，两腿屈膝全蹲；同时，右手握刀向前下方扎刀，左掌向下、向后立圆摆至后上方；目视刀尖。（图 121）

图 121

要点：

并步与下扎刀同时完成，上下协调一致；扎刀动作在接近完成时突然加速以增力量，力达刀尖。

44. 转身撞步绞刀

(1) 接上势，重心上升，身体左转；右脚尖向左拧转，左脚经右腿后侧向右后方退一步；同时，右手握刀向左上缠头至右肩后侧，左掌顺势向左侧水平伸出；目视前方。(图 122)

(2) 上体略左转，右脚后插步；同时，右手握刀经右斜上方绕至左下方，左掌按于刀背；目视刀身。(图 123)

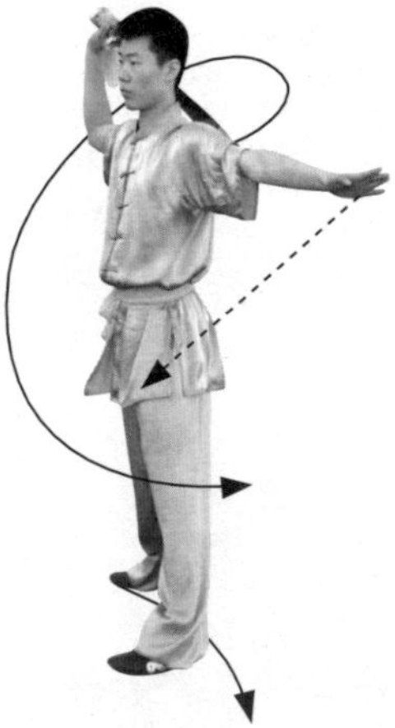
图 122

图 123

（3）左脚向左前方上一步，随即右脚撞向左脚；同时，右手握刀、左手动作不变在左前方立圆绞刀一周提至胸前；目视刀尖。（图 124）

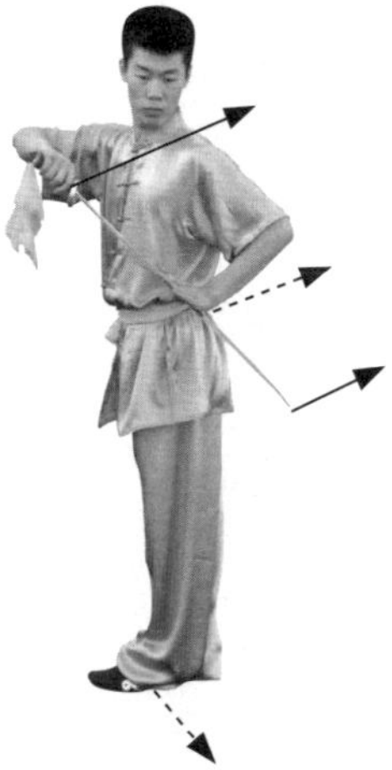

图 124

要点：

绞刀时刀尖向前，以腕为轴向左右立圆绕转，速度均匀；撞步与绞刀同时完成，上下协调一致。

图 125

45. 平推刀

（1）接上势，左脚向左横上一步；同时，两手向左上方推刀；目视刀身。（图 125）

（2）两脚不动，上体后仰以腰为轴向右环绕；同时，右手握刀、左手按于刀背从左经头部上方向右环绕至腰间；随即左腿屈膝半蹲，右腿屈膝蝶跪在后；双手向左前方平推刀；目视前方。（图 126）

图 126

要点：

环绕时上体后仰，灵活快速，带动两手同时用力将刀向前推出，高与肩平，力达刀刃；右膝蝶跪不触地，跪步与平推上下连贯一致，快速有力。

46. 转身下截刀

(1) 接上势，重心上升，身体右转；右脚向右前方上半步；同时，右手握刀向右平斩，左掌向左后侧伸出；目视刀尖。（图 127）

图 127

（2）身体右转 90°；左脚经右腿向左斜前方上一步，脚尖内扣，右脚尖向右碾转；同时，右手握刀顺势收至左肩腋下，左掌随左臂屈肘按于右前臂上方；目视左前方。（图 128）

（3）身体继续右后转 180°；右脚经左腿后侧向斜后方退一步，左脚尖向内碾转；同时，右手握刀向右裹脑至左肩后侧，左掌贴附于右肩内侧；目视左上方。（图 129）

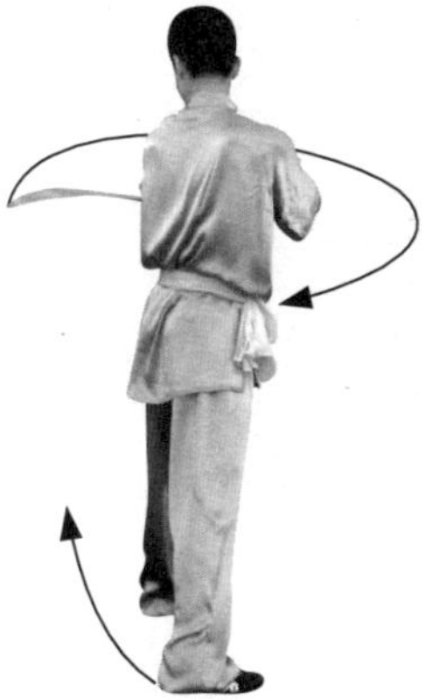

图 128

图 129

（4）左右脚依次向右前方上步，上体向右后拧转；同时，右手握刀向右下方截刀，左掌仍贴附于右肩内侧；目视刀尖。（图 130、图 131）

图 130

图 131

要点：

上步转身连贯紧凑，快速敏捷；截刀时手腕用力，动作干脆，力达刀刃前段，上体略前俯向右后拧转，刀法与步法配合协调。

47. 转身并步斜扎

（1）接上势，左脚向左前方上一步；重心前移，上体左转；同时，右手握刀经右后方绕至右上方，左掌向左前方伸出；目视左前方。（图 132）

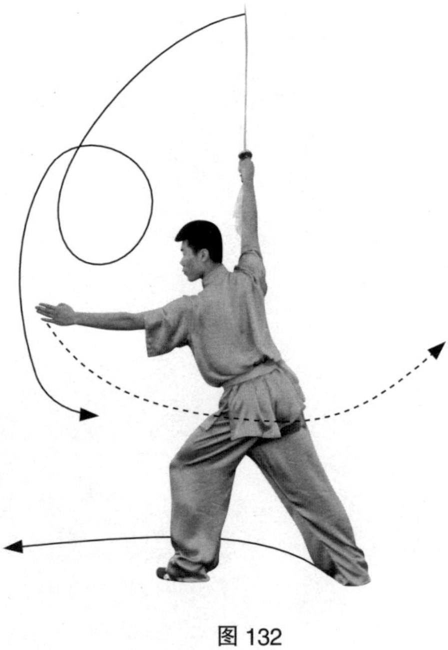

图 132

（2）身体左后转180°，右脚经左腿向前上一步；同时，右手握刀于头前剪腕花；随即身体继续左转180°，左脚向后退一步；右手握刀经右腰间向前平扎，左掌顺势向左打开后收于右肩内侧；目视刀尖。（图133、图134）

图 133

图 134

（3）身体继续左转 180°；右脚经左腿前向右斜前方上一步，左脚跟步至右脚内侧，成并步直立；同时，右手握刀经腰间向右斜上方扎出，左手立掌附于右肩内侧；目视刀尖。（图 135）

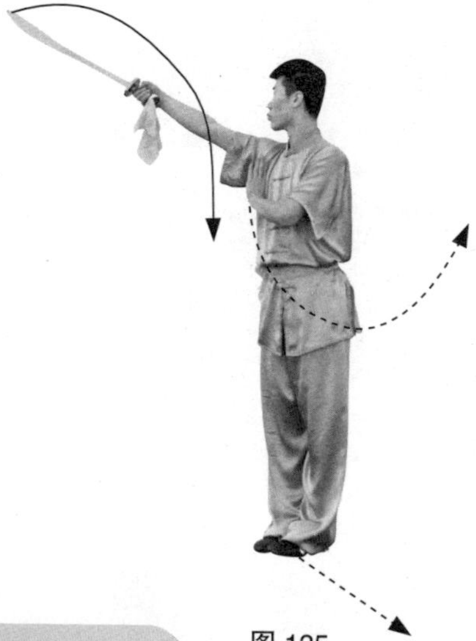

图 135

要点：

上步、退步、转身连贯灵活，动作转换流畅自如；剪腕花灵活敏捷，斜扎刀迅猛有力，扎刀与步法紧密配合，协调一致。

48. 仆步藏刀

接上势，右腿屈膝全蹲，左腿向左斜前方平铺，脚尖内扣；同时，右手握刀内旋扣腕在右斜上方藏刀，刀尖斜向下；左掌横摆至左下方，掌心向上；目视左前方。（图 136）

图 136

要点：

仆步屈蹲腿要全蹲，铺出腿膝关节伸直，全脚掌内扣着地；仆步与藏刀动作完成时身体重心快速下降，上体略左拧前俯，右手腕扣紧，刀身斜向下。

49. 弓步扎刀

接上势，身体重心前移；左腿屈膝前弓，成左弓步；同时，右手握刀向前平扎，左掌顺势收于右肩内侧；目视前方。（图 137）

图 137

要点：

弓步腿屈膝半蹲，后蹬腿膝关节伸直，全脚掌着地，脚尖内扣；重心前移速度要快，扎刀迅猛有力。

50. 转身接刀

（1）接上势，身体右转，重心移至右腿；左脚尖向内碾转，脚跟掀起；同时，右手握刀向右后方扫刀至后背，左掌仍附于右肩内侧；随即重心移至左腿，身体左转 180°；右手握刀使刀柄向左平绕，左掌附于刀柄下方；目视前方。（图 138、图 139）

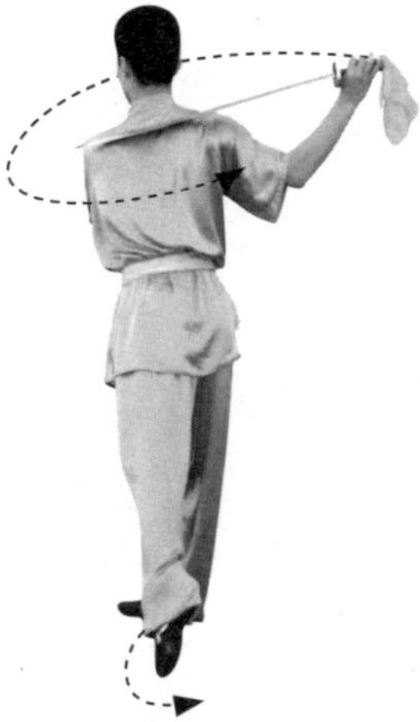

图 138

图 139

（2）身体继续左转，右脚向左脚外侧内扣并步碾转 180°，随即右脚向右斜前方上半步；同时，右手握刀平绕至胸前，左掌向上随左臂屈肘收至刀柄下方接握刀；目视刀身。（图 140）

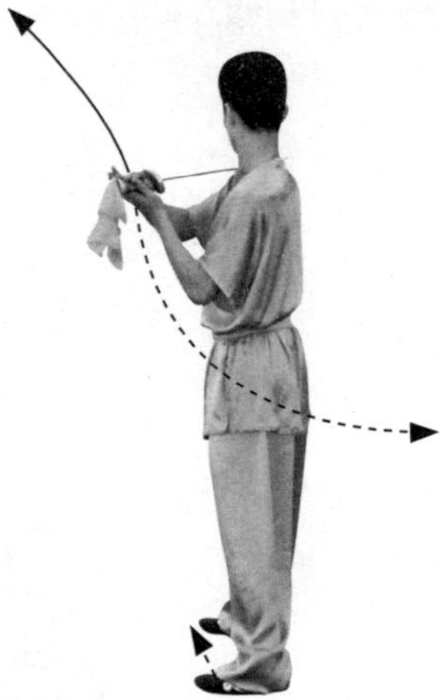

图 140

要点：

转身接刀准确，流畅自如，速度均匀，不宜过快。

51. 虚步反持刀

（1）接上势，左脚向右脚并步；同时，左手握刀内旋向左侧下方持刀，右掌向右后上方摆出；目视右掌。（图 141）

（2）上体左转；右腿屈膝半蹲，左脚向左斜前方伸出，成左虚步；同时，左手反持刀摆至正前方，右掌收于左手腕内侧；目视前方。（图 142）

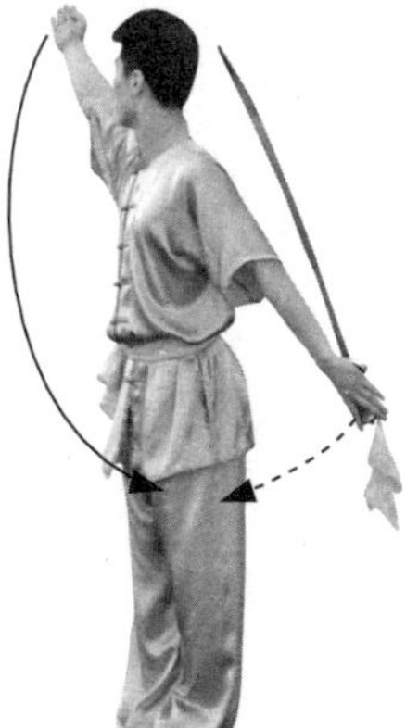

图 141

图 142

要点：

右腿屈膝半蹲，左腿微屈，脚面绷平内扣虚点地面；左手反持刀手腕内扣向下，刀身直立，虚步持刀干脆利落，快速稳健。

收势

⑴ 接上势，上体右转，身体重心在右腿；左脚向左斜前方上半步；同时，左手反持刀、右掌心向上经身体两侧向上摆出；目视右手。（图 143）

⑵ 身体重心左移，右脚并至左脚；同时，左手反持刀落至左侧腰间，右掌随右臂屈肘下按于右侧腰间；目视左斜前方。（图 144）

图 143

图 144

（3）右脚向右斜前方上半步，左脚并向右脚；身体转正；同时，双手在身体两侧垂直自然下落；目视前方。（图 145）

图 145

要点：

向前并步稳健有力，挺胸收腹，精神饱满，不可松懈。

四、刀术套路动作运行路线示意图

第一段

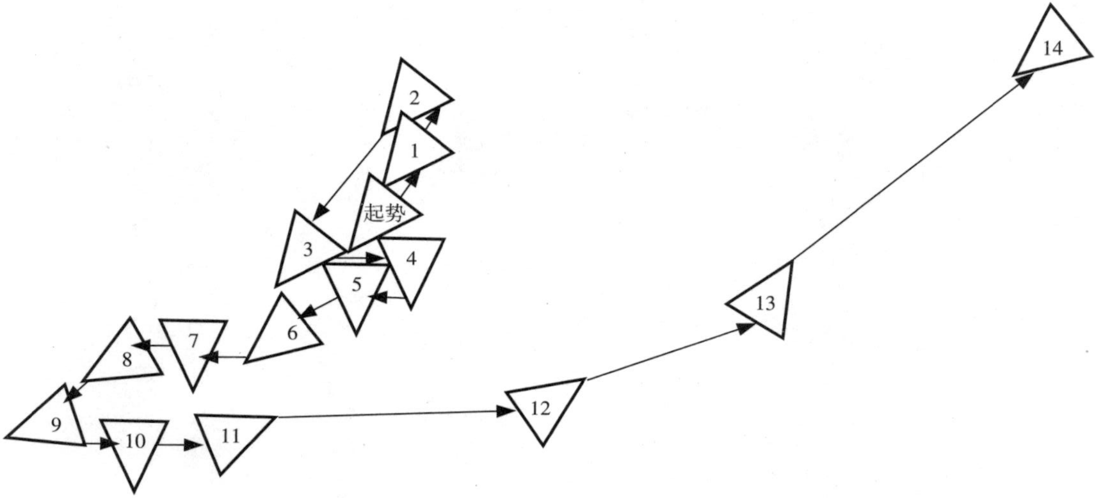

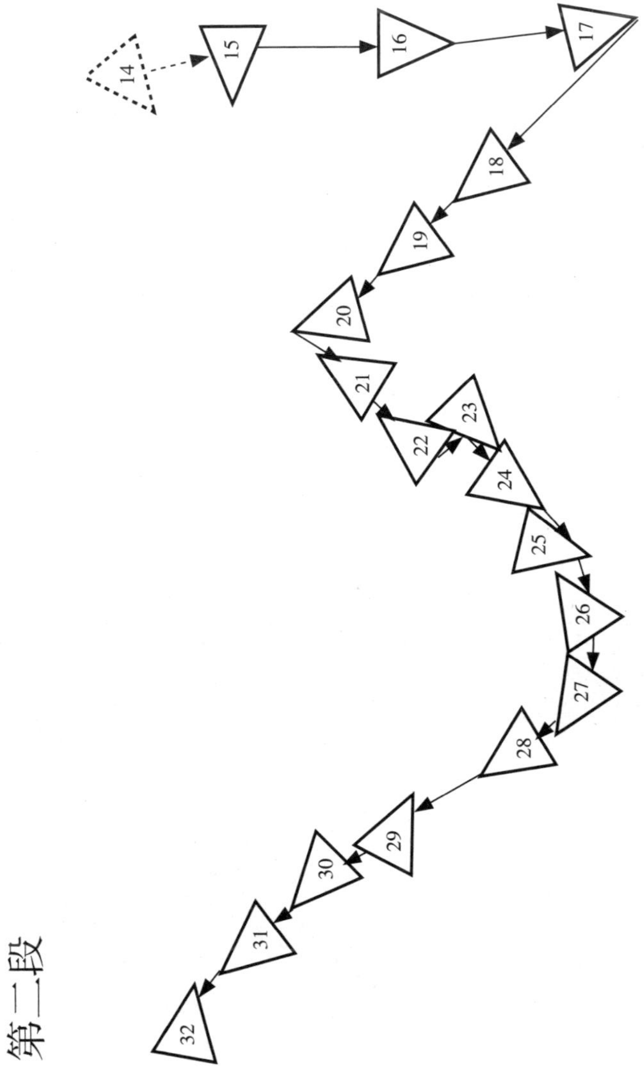
第二段
14
15
16
17
18
19
20
21
22
23
24
25
26
27
28
29
30
31
32

第三段

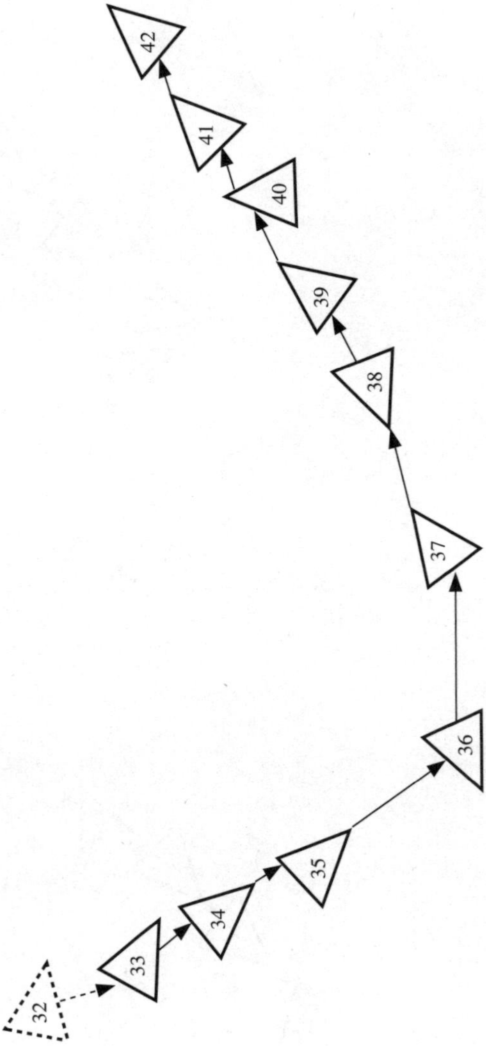

第四段

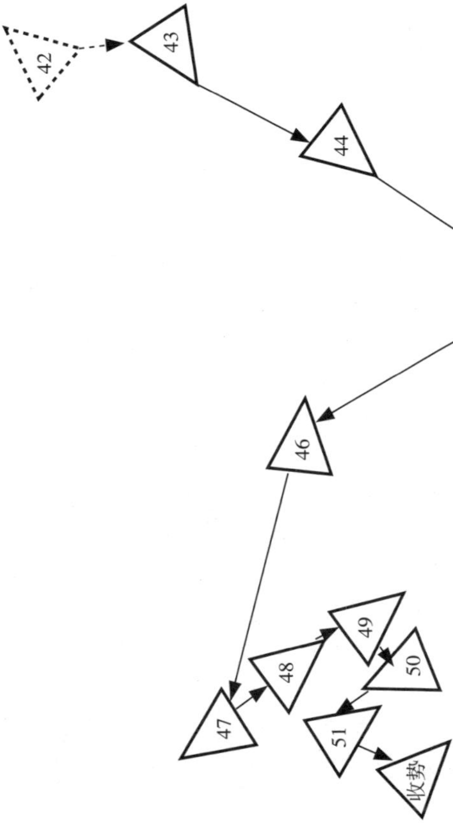

五、刀术套路动作连续演示图

图 1

图 2

图 3

图 4

图 5

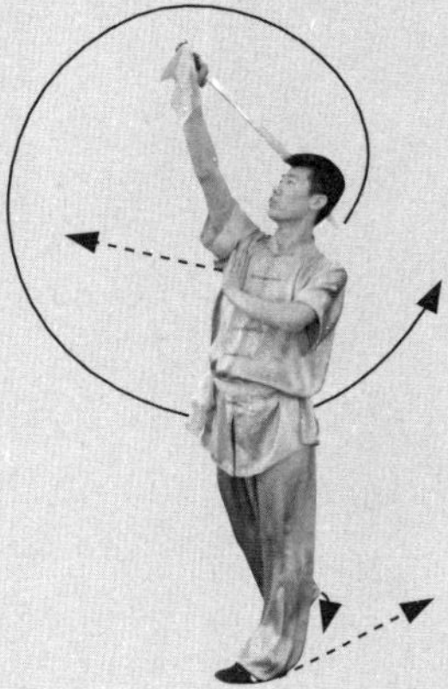

图 6

图 7

图 8

图 9

图 10

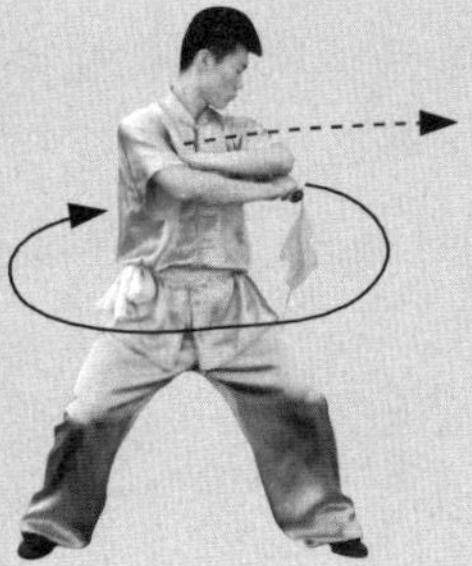

图 11

图 12

图 13

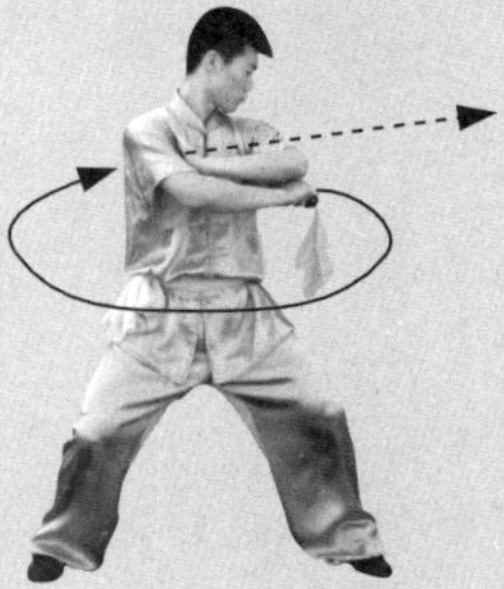
图 14

图 15

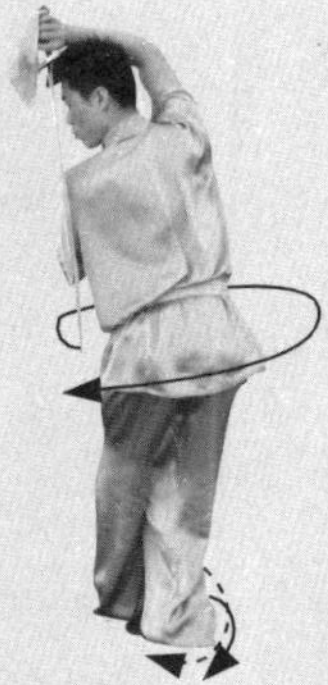
图 16

图 17 图 18 图 19 图 20

图 21

图 22

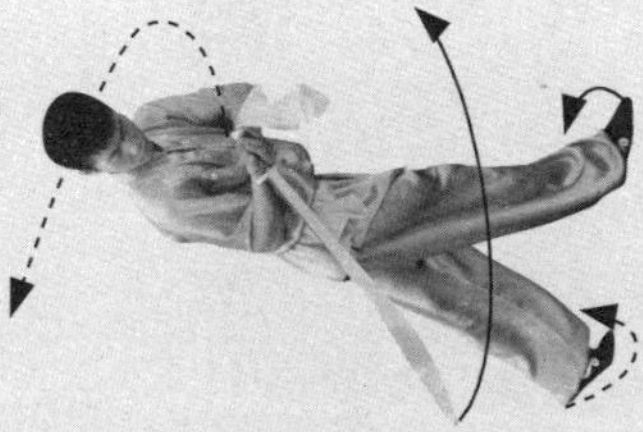
图 23

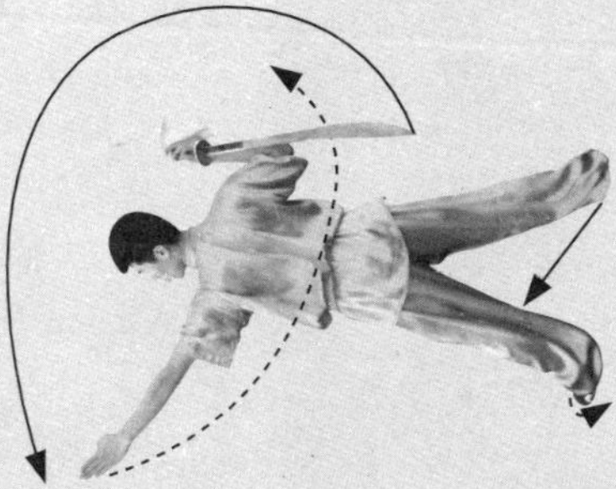
图 24

图 25

图 26

图 27

图 28

图 29

图 30

图 31

图 32

图 33

图 34

图 35

图 36

图 37

图 38

图 39

图 40

图 41

图 42

图 43

图 44

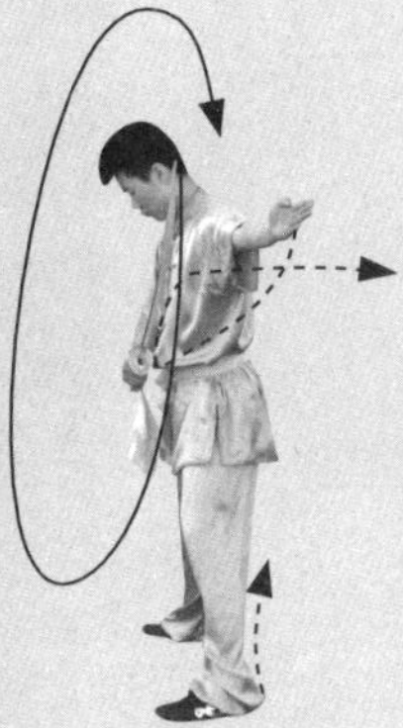

图 45

图 46

图 47

图 48

图 49

图 50

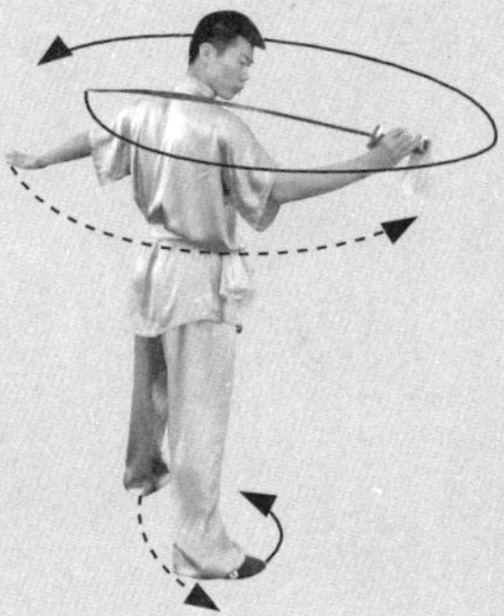

图 51

图 52

图 53

图 54

图 55

图 56

图 57

图 58

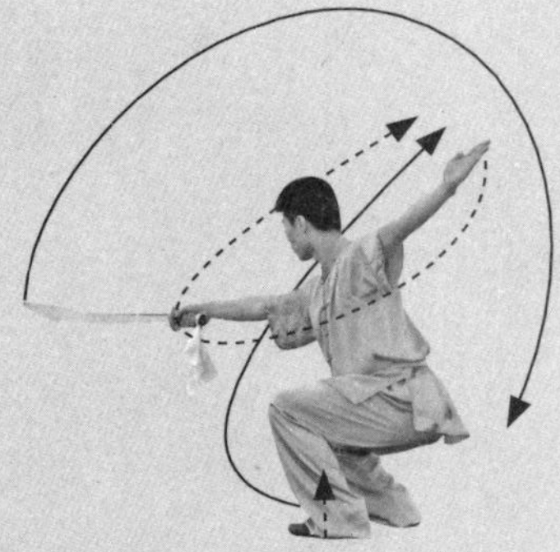

图 59

图 60

图 61

图 62

图 63

图 64

图 65

图 66

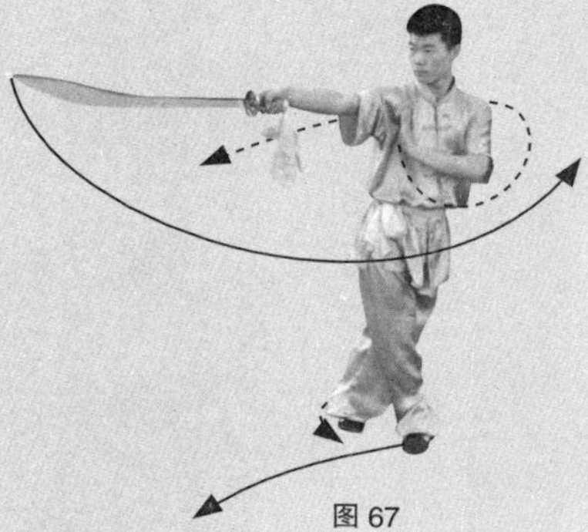

图 67

图 68

图 69

图 70

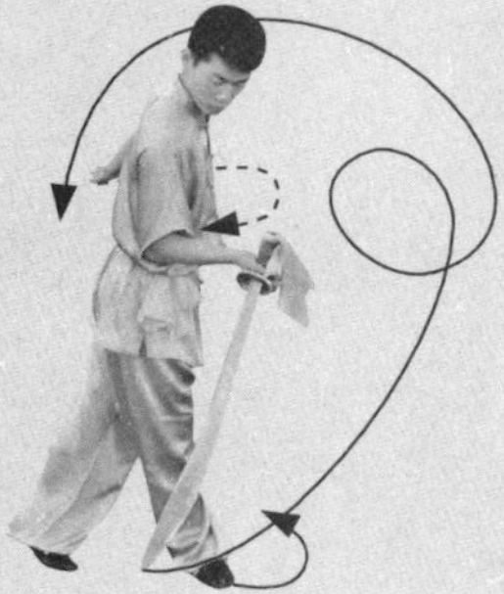
图 71

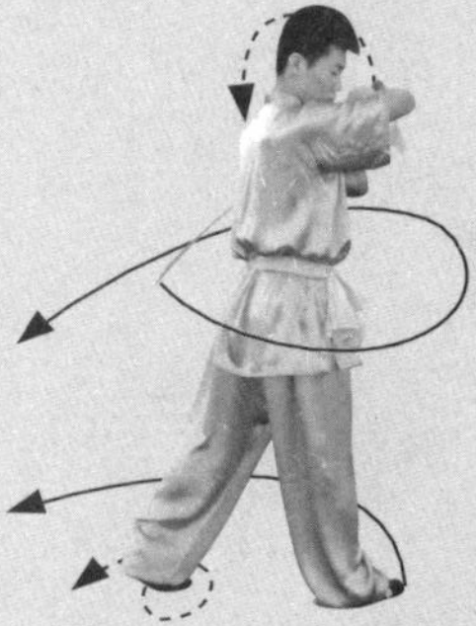
图 72

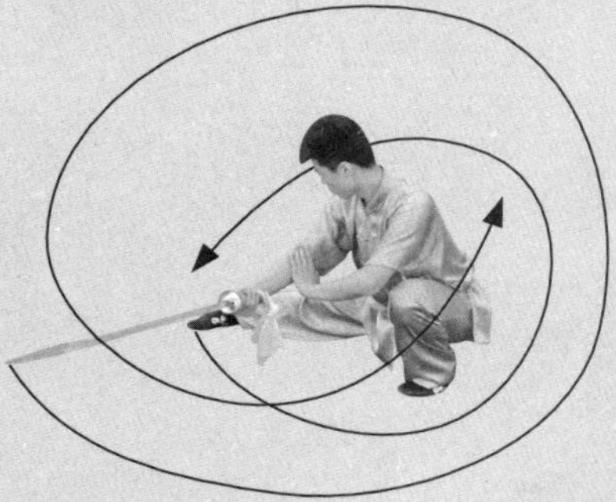
图 73

图 74

图 75

图 76

图 77

图 78

图 79

图 80

图 81

图 82

图 83

图 84

图 85

图 86

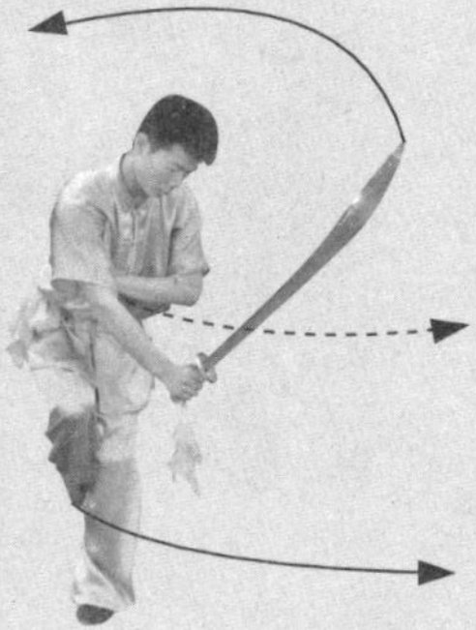

图 87

图 88

图 89

图 90

图 91

图 92

图 93

图 94

图 95

图 96

图 97

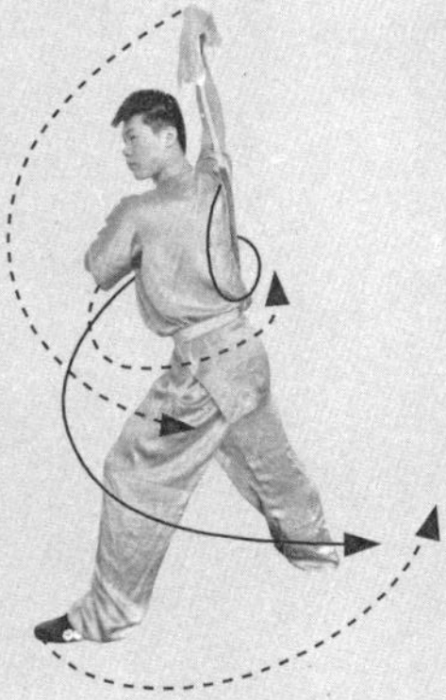
图 98

图 99

图 100

图 101

图 102

图 103

图 104

图 105

图 106

图 107

图 108

图 109

图 110

图 111

图 112

图 113

图 114

图 115

图 116

图 117

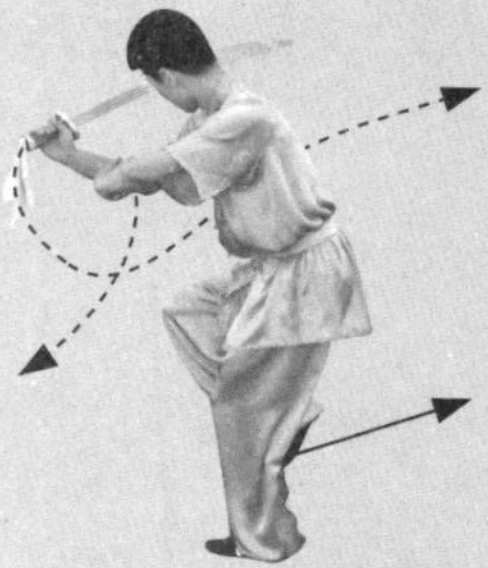

图 118

图 119

图 120

图 121

图 122

图 123

图 124

图 125

图 126

图 127

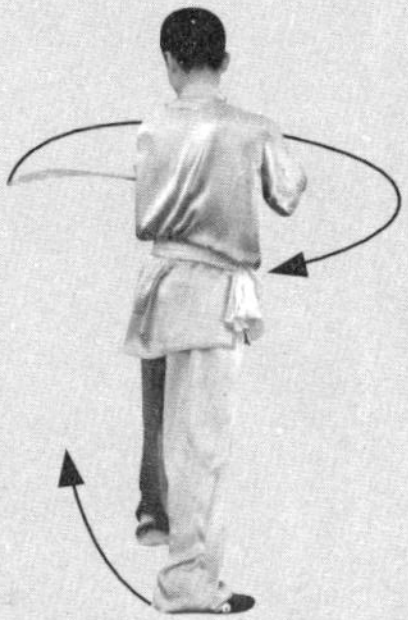
图 128

图 129

图 130

图 131

图 132

图 133

图 134

图 135

图 136

图 137

图 138

图 139

图 140

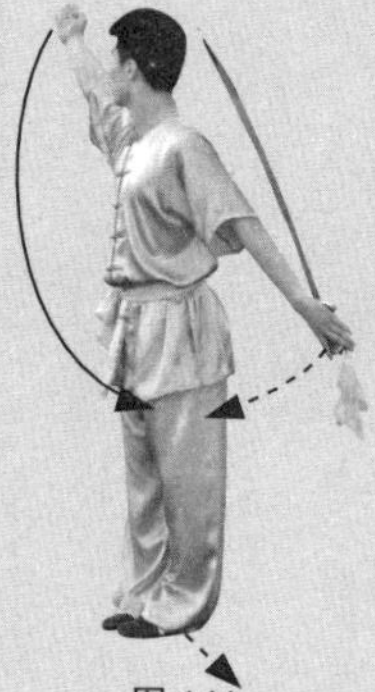

图 141

图 142

图 143

图 144

图 145